RÉPUBLIQUE FRANÇAISE.

MINISTÈRE DE LA GUERRE.

Direction de l'Artillerie; Bureau du Matériel.

Instruction pour le classement des véhicules automobiles susceptibles d'être réquisitionnés pour les besoins de l'armée.

Document abrogé : *Instruction du 31 décembre 1920 (Bulletin officiel 1921, page 62).*

Document applicable *aux troupes métropolitaines exclusivement.*

Classement à l'édition méthodique : *Volume 70 bis, page 163.*

Nᵒ 102489 E 11 2/3.   Paris, le 26 décembre 1921.

Conformément aux dispositions de l'article 3 de la loi du 22 juillet 1909, il est procédé chaque année, du 15 avril au 15 juin, à l'inspection et au classement des véhicules automobiles susceptibles d'être réquisitionnés pour les besoins de l'armée.

Ces opérations sont réglées d'après les indications suivantes :

TITRE Iᵉʳ.

Dispositions générales et opérations préliminaires.

Communes soumises au classement.

Art. 1ᵉʳ. Sont seules soumises au classement les communes désignées par le commandant de corps d'armée.

Ces communes sont choisies parmi celles qui possèdent un nombre de véhicules de 1ʳᵉ catégorie (poids lourds) suffisant pour justifier le déplacement d'une commission.

Dans ces communes, les véhicules de 1ʳᵉ catégorie sont obligatoirement convoqués et examinés.

Les véhicules de 1ʳᵉ catégorie des communes non soumises au classement devant entrer dans le calcul des ressources, au même titre que les véhicules convoqués et examinés, sont signalés par les maires aux généraux commandant les corps d'armée dans les conditions prévues à l'article 19.

Les véhicules de 2ᵉ catégorie ne sont convoqués que si le commandant de corps d'armée le spécifie; il fait état pour cela des besoins de la mobilisation.

Crédits affectés au classement.

Art. 2. Tous les ans, il est attribué à chaque région de corps d'armée un crédit limité, déterminé au prorata des allocations prévues au budget. L'emploi de ces crédits est réglé par les commandants de corps d'armée dans des conditions analogues à celles qui sont prévues par l'article 2 de l'instruction du 10 juin 1908 pour le classement des chevaux.

Pour permettre l'attribution de ces crédits, les généraux commandant les corps d'armée adressent au Ministre (3ᵉ Direction; 2ᵉ Bureau; 11ᵉ Section), pour le 20 février, un *état de prévision de crédits* ayant la contexture ci-après :

1° *Frais de déplacement :*

a) Crédit demandé pour l'année en cours (à déterminer avec toute l'approximation possible);

b) Dépenses réellement effectuées l'année précédente;

c) Justification des différences.

2° *Remboursement des frais d'impression :*

d), *e*), *f*) Mêmes indications que ci-dessus *a*), *b*), *c*).

Cet état devra être adressé en deux exemplaires dont l'un sera renvoyé au général commandant le corps d'armée avec indication du crédit alloué.

Les *demandes de fonds* correspondant à ce crédit me seront adressées ensuite par la direction de l'intendance régionale sous le timbre : 3ᵉ Direction; Services généraux; 6ᵉ Section, dans les conditions réglementaires.

Exécution du classement.

Art. 3. Le classement a lieu dans la commune même où les véhicules sont recensés par les soins des commissions mixtes prévues par l'article 3 de la loi du 22 juillet 1909. Toutefois, certaines tolérances sont accordées aux propriétaires par les dispositions de l'article 28 ci-après.

Les décisions de ces commissions sont définitives.

Nombre des commissions de classement.

Art. 4. MM. les généraux commandant les corps d'armée répartissent les communes où le classement doit avoir lieu entre les diverses commissions de classement.

Le nombre de ces commissions est calculé d'après l'examen des ressources du dernier recensement, de telle sorte que toutes les commissions opérant simultanément, puissent terminer leur travail dans le délai assigné au classement (du. 15 avril au 15 juin) délai qui ne devra pas être dépassé.

Lorsque les distances à parcourir et le nombre de véhicules à classer le permettent, chaque commission peut opérer le même jour dans plusieurs communes.

Dans chaque corps d'armée ou gouvernement militaire, les numéros désignant les diverses commissions forment une série unique.

TITRE II.

Personnel employé au classement des véhicules automobiles.

Composition des commissions de classement.

Art. 5. Les commissions mixtes chargées de procéder au classement des automobiles sont composées :·

1° D'un officier, *président*...................... ⎞
2° D'un membre civil compétent désigné par   ⎬ ayant voix
    le préfet....................................⎱ délibérative.
3° D'un représentant du service des mines. ⎠

Les décisions des commissions sont prises à la majorité des voix.

Officiers présidents.

Art. 6. Les officiers présidents sont désignés par les généraux commandant les corps d'armee. Ils sont choisis parmi les officiers de l'armée active présentant les aptitudes voulues, ou ceux de la réserve ou de l'armée territoriale, affectés au service automobile ou à l'artillerie automobile.

La désignation des officiers de la réserve ou de l'armée terri toriale a lieu dans les conditions fixées par l'article 8 de l'ins- truction du 10 juin 1908 pour la désignation des officiers appe lés à faire partie des commissions de classement des chevaux.

Membres civils.

Art. 7. Les membres civils sont désignés par les soins des préfets. Dans aucun cas, les maires des communes soumises au classement ou leurs suppléants légaux, dont la présence est obligatoire pendant la durée des opérations des commissions de classement, ne peuvent être désignés comme membres civils desdites commissions.

Représentant du service des mines.

Art. 8. Les représentants du service des mines sont, en principe, des ingénieurs ou ingénieurs-adjoints des travaux publics de l'Etat (service des mines) désignés par les ingénieurs en chef des mines chargés des différents arrondissements minéralogiques.

Dans le département de la Seine, ces représentants sont, en principe, des inspecteurs des automobiles désignés par l'ingénieur en chef de l'arrondissement minéralogique de Paris.

Dans certains cas exceptionnels, ces agents pourront être suppléés par des ingénieurs ou ingénieurs-adjoints des travaux publics de l'Etat (service des ponts et chaussées), mais à la condition expresse que ces agents soient particulièrement au courant de la technique automobile. En cas d'insuffisance de ces derniers agents, les commissions opèrent sans représentant du service des mines.

Les généraux gouverneurs militaires et les généraux commandant les corps d'armée se mettent directement en rapport avec les ingénieurs en chef des mines chargés des arrondissements minéralogiques correspondants pour faire désigner et convoquer en temps opportun les représentants du service des mines devant faire partie des commissions de classement.

Secrétaires des commissions.

Art. 9. A chaque commission sont attachés deux secrétaires militaires pris autant que possible dans le corps auquel appartient l'officier président de la commission, quand celui-ci fait partie de l'armée active. Toutefois, les fonctions de secrétaire peuvent être remplies par des caporaux ou brigadiers appartenant à la réserve ou à l'armée territoriale, désignés pour être employés dans des commissions de réquisition, sous réserve qu'ils aient encore une période d'instruction à accomplir. Ces militaires doivent posséder effectivement toute l'aptitude que comportent les fonctions de secrétaire de commission de classement. L'un d'eux doit être conducteur d'automobile; il conduit la voiture affectée à la commission.

Un militaire de la gendarmerie, au moins, de la brigade du ressort, assiste aux opérations et maintient l'ordre sous l'autorité du président de la commission. Il peut être assisté par des agents de la police locale et être chargé d'appeler à haute voix les noms des propriétaires. Il peut être invité par le président de la commission à dresser procès-verbal si les propriétaires qui se présentent ne sont pas en règle avec la loi.

Les chefs des brigades de gendarmerie reçoivent du chef de légion avis de l'itinéraire suivi par les commissions dans la circonscription de leur brigade.

Constitution définitive des commissions.

Art. 10. Lorsque les désignations des membres civils et des représentants du service des mines ont été communiquées aux généraux commandant les corps d'armée, ceux-ci arrêtent définitivement la composition des commissions.

TITRE III.

Indemnités aux membres des commissions.

Membres militaires.

Art. 11. Le personnel militaire des commissions de classement des automobiles a droit aux indemnités de déplacement prévues par le décret du 12 juin 1908 modifié (1).

Il est alloué aux militaires de la gendarmerie, pour le concours qu'ils peuvent prêter aux commissions, les indemnités de déplacement prévues par le décret du 12 juin 1908 modifié (1).

Représentant du service des mines.

Art. 12. Si le représentant du service des mines est officier de réserve ou de territoriale, et si la convocation comme membre de la commission mixte lui tient lieu de période d'instruction, il aura droit aux indemnités prévues pour les officiers de son grade.

---

(1) Le décret du 12 juin 1908 a été modifié à ce jour par le décret du 2 juin 1920 sur le service des frais de déplacement aux militaires isolés.

Dans tous les **autres** cas, ce fonctionnaire recevra les indemnités de déplacement prévues pour les membres civils des conseils, comités ou commissions par le décret du 12 juin 1908, modifié par le décret du 2 juin 1920, tableau A, II, *b*.

Membres civils.

Il est alloué aux membres civils (autres que les représentants du service des mines) les indemnités prévues au tableau A II *b* du décret du 2 juin 1920 sur les frais de déplacement (1).

Droit au logement.

Art. 14. Ont droit au logement chez l'habitant :

1° Les officiers de l'armée active, de la réserve et de l'armée territoriale, y compris le représentant du service des mines, dans le cas où l'accomplissement de sa mission lui tiendra lieu de période d'instruction militaire ;

2° Les militaires secrétaires. Cette disposition devra être mentionnée sur l'ordre de service.

Afin de faciliter les opérations du classement, le personnel d'une commission pourra séjourner dans un centre d'examen et se rendra de là, chaque jour, dans des centres d'examen voisins, sans déplacer son gîte.

Le logement de ces militaires ne donnera droit à l'indemnité pour les communes que dans le cas prévu par l'article 15 de la loi du 3 juillet 1877, les articles 31 et 32 du décret du 2 août suivant (2).

Payement des indemnités et avances à faire aux divers personnels.

Art. 15. Le payement des indemnités et des avances aux divers personnels sera effectué dans les conditions prévues par les articles 17 et 18 de l'instruction du 10 juin 1908 sur le clas-

---

(1) Loi du 29 avril 1921 (*Bulletin officiel*, édition chronologique, page 1576).

(2) Afin d'éviter toute difficulté, les préfets mentionnent sur les affiches que les membres militaires des commissions de classement, ainsi que les gradés qui les accompagnent, ont droit au logement chez l'habitant, dans les conditions prévues par la loi sur les réquisitions militaires.

De leur côté, les commandants de corps d'armée donnent avis aux maires des communes, quelque temps à l'avance, du nombre d'officiers et d'hommes qui y séjourneront et du nombre de jours pendant lequel le droit au logement sera exercé.

Il est spécifié, en outre, que le personnel des commissions ne pourra séjourner plus de trois nuits dans une commune qu'exceptionnellement et en cas de nécessité absolue.

sement des chevaux. Les mandats sont délivrés par les sous-intendants militaires sur le vu des feuilles itinéraires (modèle n° 4) transmises par les présidents des commissions opérant dans leur ressort.

Observations générales.

Art. 16. Toutes les allocations prévues dans la présente instruction, y compris les indemnités allouées aux militaires de la gendarmerie, sont payées exclusivement sur le crédit alloué à la région de corps d'armée pour les opérations de classement des automobiles, au titre du budget de l'exercice courant.

TITRE IV.

Itinéraire des commissions.

Etablissement des itinéraires.

Art. 17. Les itinéraires des commissions sont établis de façon à éviter toute perte de temps. Les commissions ne fonctionnent pas les dimanches et jours fériés.

Les commissions opèrent dans toutes les communes désignées par le général commandant de corps d'armée et figurant à l'état de répartition modèle n° 3.

Elles sont dotées, à cet effet, de moyens automobiles, prélevés sur les unités automobiles de la région.

La durée de ces opérations est prévue en tablant sur une moyenne de 10 à 12 véhicules à examiner par heure.

Les itinéraires fixés sur ces bases par les généraux commandant les corps d'armée sont complétés, pour chaque commission, par l'indication des lieu, date et heure de réunion dans chaque commune examinée.

Les membres des commissions doivent se conformer aux indications des itinéraires pour toute la durée des opérations.

Notification des itinéraires.

Art. 18. Les itinéraires, comportant les indications des catégories de véhicules convoquées dans chaque commune, sont notifiés aux préfets qui en informent immédiatement les membres civils et les représentants du service des mines désignés pour faire partie des commissions.

Cette notification à l'autorité préfectorale doit être faite un mois et demi au moins avant la date fixée pour le commencement des opérations.

Les itinéraires sont également notifiés de suite aux membres militaires par l'autorité dont ils relèvent et aux commandants des légions de gendarmerie, ainsi qu'à l'inspecteur du matériel automobile de l'inspection intéressée.

Publications dans les communes par affiches.

Art. 19. Les préfets avisent un mois au moins avant la date fixée pour le commencement des opérations, les maires des communes visitées, en leur indiquant les catégories de véhicules qui seront convoquées dans chaque commune.

Vingt jours au moins avant le passage de la commission, les préfets font publier, dans les communes soumises au classement, par voie d'affiche et en dehors de toutes publications qui pourraient être faites sur la voie publique ou bénévolement par la presse, un avis invitant les propriétaires à présenter les véhicules automobiles appartenant aux catégories convoquées, au jour, à l'heure et à l'endroit où doit avoir lieu le classement.

Ces affiches doivent être apposées en nombre suffisant, non seulement à la porte de la mairie, mais encore dans chaque groupe d'habitations les plus importantes ou les plus éloignées du centre de la commune.

Dans les communes où le nombre de véhicules à examiner est supérieur à vingt, cet avis préfectoral doit être complété par un additif municipal indiquant aux propriétaires, selon la première lettre de leur nom, les jour et heure auxquels leurs véhicules devront être présentés à la commission de classement. A cet effet, les maires s'inspireront du débit horaire de la commission tel qu'il est prévu à l'article 17 ci-dessus. Toutefois, si les maires le jugent plus efficace, ils pourront, aux lieu et place de l'additif précité, aviser les propriétaires par convocation individuelle; les imprimés nécessités par ces convocations individuelles seront entièrement à la charge des communes.

L'avis préfectoral doit mentionner notamment que :

1° Les propriétaires qui ne pourraient venir eux-mêmes devant la commission doivent faire présenter leurs véhicules automobiles par des personnes en mesure de fournir toutes les explications nécessaires;

2° Les conducteurs des véhicules encore astreints aux obligations militaires doivent présenter leur livret au président de la commission de classement;

3° Les propriétaires dont les véhicules sont *en réparation* au moment des opérations du classement doivent : *a)* remettre au président de la commission une attestation datée et signée par eux indiquant leurs nom et prénoms, profession, domicile, adresse à laquelle le véhicule est en réparation et détail des réparations restant à effectuer; *b)* aviser par lettre le général commandant le corps d'armée dès que leurs véhicules seront de nouveau en état de marche;

4° Les propriétaires ne possédant pas de permis de circulation, soit parce qu'ils n'ont pas encore acquitté l'impôt, soit parce qu'ils ont fait une déclaration de non-circulation, n'en sont pas moins tenus de présenter tous leurs véhicules à la commission de classement. Dans ce but, ils doivent demander au receveur local des contributions indirectes un permis de circulation pour une journée sur un itinéraire déterminé. Ce permis leur sera délivré aussitôt moyennant le prix de 0 fr. 10;

5° Seuls doivent être présentés les tracteurs agricoles des types ci-après :

Clétrac. — Holt. — Pavesi. — Renault, types H I et H O.

Toutefois, cette obligation ne s'applique pas aux propriétaires dont le siège de l'exploitation agricole est situé à plus de 2 km. 500 du lieu de présentation. Ces derniers propriétaires devront remettre au président de la commission une « feuille de renseignements » comportant les indications ci-après : nom et prénoms, profession, domicile et, pour chacun des tracteurs qu'ils possèdent : lieu où ils sont employés, état mécanique du véhicule; ce dernier renseignement devra être tout particulièrement détaillé. La feuille dont il s'agit devra être datée, certifiée exacte et signée par le propriétaire. Le président de la commission décidera si ces tracteurs seront ou non examinés sur place;

6° Les propriétaires de tracteurs de navigation n'ont pas à présenter leurs tracteurs; ils devront remettre au président de la commission un certificat visé par l'ingénieur en chef de la navigation. Ce certificat devra comporter notamment les indications ci-après : nom, prénoms, profession, domicile et, pour chacun des tracteurs : marque, puissance du moteur en HP, force de traction et état mécanique du véhicule;

7° Les propriétaires qui ne peuvent présenter leurs véhicules dans la commune où ils ont été recensés, doivent se conformer aux dispositions de l'article 28 (1er et 2e cas);

8° Faute de présentation devant la commission, les propriétaires sont passibles des sanctions prévues à l'article 29.

Art. 19 *bis*. Les préfets préviennent également, dès que la notification leur en a été faite par les généraux commandant les corps d'armée, les maires des communes où il ne sera pas procédé aux opérations de classement.

Conformément aux dispositions de l'article 1er, il les invitent à adresser, dans le plus bref délai, au général commandant le corps d'armée, un extrait du registre de déclaration modèle A[1] des véhicules automobiles de 1re catégorie (poids lourds).

Cas d'empêchement d'un membre de la commission.

Art. 20. En cas d'empêchement d'un des membres de la commission, il est procédé comme suit :

Le président étant momentanément indisponible, la commission continue ses opérations sous la présidence du membre civil ; ce dernier a, dans ce cas, voix prépondérante.

Le membre civil et le représentant du service des mines sont suppléés, en cas d'indisponibilité, par d'autres personnes désignées à l'avance par les autorités spécifiées aux articles 7 et 8 ci-dessus.

Dans tous les cas, le président de la commission rend compte immédiatement à l'autorité militaire et à l'autorité civile des faits qui ont motivé des modifications imprévues dans la composition de la commission et provoque en même temps le remplacement aussi prompt que possible du membre devenu indisponible.

Cas d'empêchement de la réunion de la commission.

Art. 21. Dans le cas où, pour une cause quelconque, une commission ne peut opérer aux jour et heure indiqués par l'itinéraire, le président en prévient immédiatement les maires des communes intéressées et fixe, après en avoir référé au commandement, une nouvelle date de convocation à la fin de l'itinéraire primitivement arrêté. Avis en est donné de suite au Ministre (3e Direction; 2e Bureau), par le général commandant le corps d'armée.

TITRE V.

Opérations des commissions.

Dispositions générales.

Art. 22. En principe, quinze jours avant les opérations de classement de 1922, les généraux commandant les corps d'armée font établir par un corps ou service stationné dans chaque préfecture un relevé du registre d'immatriculation des véhicules automobiles de ladite préfecture. Ce relevé doit indiquer :

1° Les nom et prénoms, profession, domicile et commune des propriétaires possédant une ou plusieurs cartes grises;

2° Les catégories et sous-catégories de leurs véhicules.

Pour les années suivantes, il suffira de faire relever dans les mêmes conditions les mutations effectuées audit registre au cours de l'année écoulée (acquisitions, aliénations, etc.).

En outre, quelques jours avant les opérations, les généraux commandant les corps d'armée réunissent à leur état-major les officiers présidents des commissions pour leur donner des instructions détaillées et surtout pour les éclairer sur l'esprit dans lequel doivent être dirigées les opérations.

Ils convoquent à cette réunion l'inspecteur du matériel automobile de l'inspection intéressée ou un de ses représentants.

Ils font remettre notamment aux présidents des commissions :

a) Les états numériques modèle B des communes à visiter;

b) Un état de répartition modèle 3 indiquant les communes que la commission doit visiter;

c) Un relevé ou extrait du registre d'immatriculation tenu à la préfecture et relatif aux communes que la commission doit visiter;

d) Un relevé ou extrait des listes des tracteurs de navigation adressées par les ingénieurs en chef de la navigation conformément aux prescriptions de la dépêche ministérielle 95931 M 11 2/3 du 30 novembre 1921;

e) Un exemplaire des catalogues spéciaux des véhicules automobiles et des tracteurs agricoles.

Présence obligatoire du maire aux opérations de la commission.

Art. 23. Les maires des communes visitées ou leurs représentants légaux doivent assister aux opérations. (article 3 de la loi du 22 juillet 1909).

Ils présentent à la commission les registres de déclaration de l'année en cours.

Si des rectifications ou additions sont à apporter à ces registres après examen des véhicules par la commission, elles sont effectuées séance tenante par leurs soins.

Les maires doivent fournir à la commission tous les renseignements qui leur sont demandés et notamment les registres de déclaration modèles A 1 et A 2 (1) des cinq dernières années.

Véhicules automobiles à présenter aux commissions.

Art. 24. Les propriétaires, prévenus à l'avance du passage des commissions de classement, comme il est dit à l'article 19, doivent amener au lieu d'examen, aux jour et heure indiqués, les véhicules automobiles en leur possession, compris ou non dans les classements antérieurs.

Sont dispensés de la présentation :

1° Les véhicules qui auraient été déclarés précédemment impropres au service;

2° Les véhicules exemptés de la réquisition en cas de mobilisation et qui, par suite, ne sont pas portés sur les listes de classement (art. 5 de la loi du 22 juillet 1909). Ces véhicules sont mentionnés sur l'annexe n° 1 à la présente instruction.

Les propriétaires qui présenteraient, en faisant sciemment de fausses déclarations, des véhicules reconnus précédemment comme impropres au service aux lieu et place de véhicules aptes à ce service, peuvent être déférés aux tribunaux, conformément à l'article 16 de la loi du 22 juillet 1909 et être condamnés à une amende de 50 à 2.000 francs.

Le président de la commission peut à cet effet requérir la gendarmerie de dresser un procès-verbal qui est adressé le jour même au procureur de la République.

3° Les véhicules neufs en dépôt dans les usines et les magasins de vente.

---

(1) Le registre de déclaration pour l'année courante est mis à jour par les soins du maire, pour tous les véhicules automobiles qui n'y figureraient pas, soit parce qu'ils n'auraient pas été déclarés précédemment, soit parce qu'ils auraient été introduits dans la commune depuis le commencement de l'année, soit pour tout autre motif.

Opérations du classement.

Art. 25. Le président de la commission se fait présenter par le maire les registres de déclaration de l'année courante (1).

Il appelle les propriétaires dans l'ordre où leurs véhicules sont placés sur le terrain.

Chacun d'eux présente sans interruption tous les véhicules qui lui appartiennent.

Les véhicules classés ne font l'objet d'aucune estimation, leur classement et leur signalement devant servir de base au règlement des indemnités en cas de réquisition.

Sont ajournés :

1° Provisoirement, les véhicules de 1re et de 2e catégorie qui n'ont pu être présentés pour cause de réparations; .

2° Ceux de 2e catégorie qui ne répondent pas aux conditions (puissance, carrosserie, etc.), fixées par les instructions données aux présidents de commissions de classement.

Ces véhicules doivent, dans tous les cas, sauf impossibilité majeure telle que celle résultant d'indisponibilité pour avarie ou réparations, être présentés au classement suivant. Le motif d'ajournement devra figurer au tableau de classement.

Parmi les véhicules de 2e catégorie, sont déclarés impropres au service les véhicules reconnus comme n'étant plus susceptibles d'être mis en état de faire un bon service.

Les décisions de la commission sont indiquées, séance tenante, aux propriétaires par le président de la commission, pour chaque véhicule classé ajourné ou déclaré impropre au service; elles ne sont accompagnées d'aucun commentaire.

Tous les véhicules de 1re catégorie sont classés par les commissions. Certains d'entre eux peuvent être déclarés impropres au service militaire après examen des tableaux de classement par les inspecteurs du matériel automobile.

---

(1) Afin de permettre aux présidents des commissions de classement de découvrir les véhicules automobiles, non déclarés au recensement, les registres de déclaration peuvent être rapprochés des registres dits « portatifs » sur lesquels les employés des contributions indirectes tiennent les comptes des possesseurs des véhicules automobiles.

Les conditions dans lesquelles auront lieu ces rapprochements ont été réglées, après entente avec M. le Ministre des finances, conformément aux indications de l'annexe n° 2 qui fait suite à la présente instruction.

— 14 —

Les propriétaires des véhicules de 1re et 2e catégorie déclarés impropres en sont avisés par les soins des généraux commandant les corps d'armée qui leur font parvenir par l'intermédiaire des maires un certificat d'impropriété modèle n° 6. Mention de cette impropriété devra être portée sur les registres de déclaration par les soins du maire.

Tout véhicule (1re et 2e catégories) déclaré impropre ne sera plus astreint aux classements ultérieurs; son propriétaire devra présenter chaque année, du 1er au 16 janvier, à la mairie du lieu où se trouve le véhicule, le certificat d'impropriété qui lui aura été délivré accompagné de la carte grise du véhicule et d'une déclaration signée du propriétaire affirmant que le véhicule n'a fait l'objet, depuis l'établissement de ce certificat d'impropriété, d'aucune grosse réparation de nature à faire disparaître l'impropriété précédemment reconnue.

Établissement des tableaux de classement n^{os} C1 et C2.

Art. 26. La commission établit de toutes pièces deux tableaux de classement : tableau n° C1 pour les véhicules de la 1re catégorie (poids lourds); tableau n° C2 pour les véhicules de la 2e catégorie (voitures de tourisme, ambulances et motocyclettes).

Les inscriptions sont faites très correctement au moment de la présentation de chaque véhicule et à une place du tableau déterminée d'avance pour qu'en fin de travail les noms des propriétaires soient placés par lettre alphabétique.

A cet effet, il y a lieu de réserver préalablement à chaque lettre de l'alphabet, sur les tableaux, un nombre de lignes au moins égal à celui occupé par la même lettre sur les registres de déclaration; les lignes qui pourront se trouver sans emploi en fin de classement seront bâtonnées.

Les véhicules portés sur les catalogues spéciaux visés à l'article 22 sont dispensés de l'inscription des caractéristiques qui y figurent. Les véhicules non portés sur ces catalogues sont dispensés des mêmes inscriptions si la commission estime que le véhicule examiné ne paraît pas susceptible d'être utilisable pour l'armée.

Le classement obtenu par chaque véhicule est mentionné sur le tableau de classement (modèles C1 ou C2), d'après les instructions qui figurent au verso de la première page du tableau.

La commission vérifie les indications portées sur les registres de déclaration qui doivent être mises en concordance avec celles des tableaux de classement en ce qui concerne les caractéristiques des véhicules.

Si des rectifications sont jugées nécessaires, elles sont effectuées par les soins du maire ou de son représentant.

Les décisions de la commission sont reportées dans les colonnes *ad hoc* des registres de déclaration A¹ et A² par les soins du maire ou de son représentant.

A la suite de chaque mention, et pour lui donner un caractère authentique, le président appose son paraphe, après avoir rayé, bien entendu, les renseignements primitifs qui seraient en contradiction avec la décision de la commission.

Immédiatement après la dernière inscription, le président fait apposer la mention suivante qu'il revêt de sa signature :

Certifié valable.

A   , le   · 19 .

    Le Président de la   ° commission du   ° corps d'armée.

                            (Nom, grade et corps.)

                            (Signature.)

Les registres de déclaration sont ensuite rendus aux maires, sauf dans le cas prévu à l'annexe n° 2 de la présente instruction.

Lorsque l'étendue de la commune et l'importance des ressources qu'elle présente le nécessitent, la commission peut opérer dans plusieurs centres d'examen. La commune peut, au besoin, être répartie entre plusieurs commissions.

Les tableaux de classement sont adressés directement au général commandant le corps d'armée.

État récapitulatif à établir par les inspecteurs du matériel automobile.

Art. 27. Les généraux commandant les corps d'armée adressent au fur et à mesure de leur réception, et au plus tard le 1er juillet, à l'inspecteur du matériel automobile :

1° Les tableaux de classement modèles C¹ et C² pour être complétés en ce qui concerne le classement définitif des véhicules et leur affectation d'après les instructions données à cet effet par le Ministre;

2° Les états modèle B des communes non visitées par les commissions de classement;

3° Les états modèle B des communes où les véhicules d'une seule catégorie ont été soumis au classement;

4° Les extraits des registres de déclaration modèle A¹ des véhicules automobiles de 1re catégorie des communes non visitées.

L'inspecteur du matériel automobile, après avoir complété les tableaux de classement modèles C¹ et C², adresse pour le 1er août, d'une part au Ministre (Etat-Major de l'Armée; 1er Bureau), et, d'autre part au général inspecteur général du matériel automobile qui transmet ensuite au Ministre (3e Direction; 2e Bureau; 11e Section), un état récapitulatif par corps d'armée conforme au modèle 7. Le tableau final de cet état fait ressortir notamment le nombre de véhicules non soumis au classement, calculé d'après les états modèle B des communes non visitées par une commission de classement et les états modèle B des communes où les véhicules d'une seule catégorie ont été soumis au classement.

Ce travail terminé, l'inspecteur du matériel automobile envoie aux généraux commandant les corps d'armée, pour leur permettre d'établir le travail de préparation de la réquisition, les tableaux, états et extraits mentionnés aux paragraphes 1°, 2°, 3° et 4° ci-dessus. Il leur adresse, en même temps, une ampliation de l'état modèle 7 concernant leur corps d'armée.

Les tableaux de classement modèles 1 et 2 sont ultérieurement envoyés aux commandants des bureaux de recrutement intéressés par les soins des généraux commandant les corps d'armée.

TITRE VI.

Véhicules dont la présentation prévue dans la commune est impossible, ou véhicules en dehors de leur résidence au moment du classement.

Art. 28. Les propriétaires dont les véhicules sont inscrits sur les registres de déclaration d'une commune non visitée par la commission, et qui se trouveraient avoir momentanément ces véhicules sur le territoire d'une commune visitée, n'ont pas à les présenter lorsque la commission passe dans cette commune.

Les propriétaires dont les véhicules sont inscrits sur les registres de déclaration d'une commune où le classement doit avoir lieu, et qui, pour une raison quelconque, ne pourraient présenter leurs véhicules à la commission à la date et au lieu fixés, se conforment aux instructions suivantes :

1er CAS. — *Empêchement quelconque autre que le déplacement du véhicule.* — Les propriétaires remettent à la mairie, avant le passage de la commission, une attestation indiquant les motifs d'empêchement. S'ils désirent profiter de la tolérance qui leur est laissée (article 29) de présenter leurs véhicules dans un autre centre d'examen, ils indiquent dans ce document la date et le lieu où ils comptent effectuer cette présentation, ainsi que le numéro de la commission qui opérera à cet endroit (tous renseignements utiles figurent sur les affiches du classement). Si l'attestation ne contient pas ces indications, le maire la transmet immédiatement à la gendarmerie qui fait aussitôt une enquête et remet son rapport à la commission lors de son passage; celle-ci décide s'il y a lieu de poursuivre.

2° CAS. — *Déplacement du véhicule.* — Les véhicules à présenter au classement qui se trouvent temporairement sur le territoire d'une autre commune que celle où ils ont été recensés peuvent être présentés devant l'une quelconque des commissions opérant soit au lieu de leur stationnement, soit dans leur voisinage, que ces commissions appartiennent ou non au corps d'armée de leur résidence.

Afin d'éviter toute poursuite, les propriétaires doivent, immédiatement après cette présentation, adresser à la mairie dans laquelle les véhicules ont été recensés une attestation indiquant le lieu et la date où leurs véhicules ont été présentés, ainsi que le numéro de la commission et le corps d'armée dont elle dépend.

Cette attestation sera remise par la mairie au président de la commission au moment du classement des véhicules dans la commune. Si le classement a déjà eu lieu, la mairie la transmet aussitôt au général commandant le corps d'armée.

La commission devant laquelle le véhicule en déplacement a été présenté établit :

1° Un procès-verbal (modèle n° 8);

2° Un certificat (modèle n° 9) qui est remis au propriétaire du véhicule.

Le procès-verbal modèle n° 8 est établi séparément pour chacune des communes où ont été déclarés les véhicules examinés.

Il est adressé, le même jour, au général commandant le corps d'armée duquel ressortit la commune susvisée. Celui-ci rapproche ces procès-verbaux des attestations des propriétaires. Il mentionne sur les tableaux de classement correspondants, au moment de leur arrivée, les renseignements portés sur les procès-verbaux modèle n° 8 et transmet ces derniers aux maires des communes intéressées.

La décision de la commission qui a examiné chaque véhicule en déplacement est inscrite par le maire sur le registre de déclaration correspondant.

TITRE VII.

Mesures à prendre contre les propriétaires qui n'amènent pas leurs véhicules ou qui ne les ont pas déclarés pour le recensement.

Art. 29.. Les propriétaires de véhicules automobiles qui ne se conforment pas aux dispositions de la loi du 22 juillet 1909, relatives à la déclaration et au classement des véhicules automobiles, peuvent être déférés aux tribunaux et sont passibles d'une amende de 25 à 1.000 francs (art. 16).

A cet effet, le président de la commission, après avoir constaté l'absence des automobiles aux lieu, date et heure indiqués, comme il est dit à l'article 25 et après avoir appelé les manquants, à la fin de chaque séance, établit, quand il y a lieu, une déclaration (modèle n° 12) qu'il transmet, le jour même, au général commandant le corps d'armée.

Les propriétaires non comparants qui justifient d'un des cas d'exemption prévus par l'article 5 de la loi du 22 juillet 1909 (art. 24, § 2°, de la présente instruction et annexe n° 1) et ceux pour lesquels il est prouvé que les véhicules ont été présentés à une commission opérant dans une autre commune ou qui auraient été exemptés de la présentation par le commandant du corps d'armée, ne doivent pas être l'objet de poursuites.

A défaut de preuves suffisantes, la gendarmerie fait les recherches nécessaires et, qu'une excuse ait été ou non énoncée, adresse un rapport au général commandant le corps d'armée.

Les véhicules non présentés sans motif valable sont classés d'office. Toutefois, ces dispositions ne s'appliquent pas aux tracteurs agricoles énumérés à l'article 19 dont le siège de l'exploitation agricole se trouve à plus de 2 km. 500 du lieu où opère la commission; cette dernière devant déterminer (généralement d'après l'attestation remise par le propriétaire) si ces tracteurs doivent ou non être classés.

En ce qui concerne les véhicules en réparation au moment du classement, les généraux commandant les corps d'armée, après avoir été avisés par les propriétaires conformément à l'article 19, pourront, s'ils le jugent utile et après entente avec ces propriétaires, faire visiter lesdits véhicules au chef-lieu du département, par un officier compétent. Un classement provisoire sera donné à chacun des véhicules examinés; mention en sera faite sur le tableau de classement correspondant. Tout véhicule non présenté au classement pour cause de réparations et n'ayant pas par la suite été examiné dans les conditions qui précèdent sera classé d'office.

D'autre part, l'article 2 de la loi précitée ayant rendu obligatoire pour les propriétaires la déclaration à la mairie des véhicules automobiles en leur possession, le président de la commission établit, toutes les fois qu'il reconnaît que cette déclaration n'a pas été faite, un état (modèle n° 11) qu'il adresse au général commandant le corps d'armée.

Dès la fin du classement, celui-ci confronte les procès-verbaux (modèle n° 8) et les états (modèles n° 11 et 12) des présidents des commissions de classement avec les attestations ou les excuses éventuellement présentées par les propriétaires.

Il détermine ceux de ces derniers qu'il convient de déférer devant les tribunaux pour ne s'être pas conformés aux prescriptions de la loi du 22 juillet 1909 et des instructions sur le recensement et le classement des véhicules automobiles.

Il requiert alors la gendarmerie de dresser contre les délinquants des procès-verbaux collectifs ou individuels, conformément aux dispositions du décret du 20 mai 1903.

Ces procès-verbaux sont différents pour chaque espèce de délit (non-déclaration ou non-présentation), alors même qu'il s'agit du même propriétaire. Ils indiquent, à titre de renseignement, les motifs d'excuse qui ont pu être donnés par les intéressés.

Ces pièces sont adressées par les soins de la gendarmerie au procureur de la République chargé d'assurer l'exécution de la loi.

TITRE VIII.

Dispositions diverses.

Art. 30. Les dispositions prévues par l'article 39 de l'instruction du 10 juin 1908 sur le classement des chevaux sont applicables au classement des véhicules automobiles en ce qui concerne la rédaction des affiches et l'insertion au Recueil des actes administratifs. Le payement des frais d'affiches visées par la présente instruction est imputé sur les fonds du budget de l'artillerie : imprimés pour le recensement et le classement des véhicules automobiles.

Art. 31. Les présidents des commissions de classement ne bénéficiant pas de la franchise pour leurs communications postales, télégraphiques et téléphoniques avec le général commandant le corps d'armée; cet officier général leur fait remettre, avant leur départ, par le service de l'intendance, une avance destinée au payement de ces dépenses.

Art. 32. Les imprimés visés par la présente instruction sont fournis par l'administration centrale.

A cet effet, les généraux commandant les corps d'armée adressent, pour le 20 février, au Ministre (3e Direction; 2e Bureau; 11e Section), un état de demande d'imprimés comportant les colonnes suivantes : 1, numéros; 2, désignation sommaire (y compris les intercalaires); 3, quantités restant disponibles; 4, quantités demandées (à calculer aussi exactement que possible); 5, observations.

Cet état doit comprendre : a) la présente instruction; b) les catalogues spéciaux des véhicules automobiles; c) les catalogues spéciaux aux tracteurs agricoles.

L'expédition des imprimés est effectuée par les soins du magasin central automobile, à Issy-les-Moulineaux, de manière que les dossiers des commissions de classement puissent être constitués, dans chaque corps d'armée, le 1er avril au plus tard.

Les divers imprimés nécessaires aux inspecteurs du matériel automobile sont demandés par ceux-ci au général inspecteur général du matériel automobile, qui adresse au Ministre (3e Direction; 2e Bureau; 11e Section) une demande globale; les imprimés sont adressés directement aux inspecteurs par le magasin central automobile.

Art. 33. Les généraux commandant les corps d'armée adressent, pour le 15 septembre, au Ministre (3e Direction; 2e Bureau; 11e Section), un rapport indiquant les observations auxquelles auraient donné lieu les opérations de *recensement* et de *classement* des véhicules automobiles de l'année en cours. Ce rapport doit indiquer, notamment, les modifications correspondantes qu'ils proposent d'apporter aux instructions spéciales relatives à ces opérations.

Mesures d'application.

Art. 34. Les dispositions de la présente instruction sont applicables à partir du 1er janvier 1922. Elles seront insérées au *Journal officiel.*

Sont abrogées toutes dispositions contraires.

ANNEXE N° 1.

Des exemptions relatives aux réquisitions militaires au titre de l'article 5 de la loi du 22 juillet 1909, en ce qui concerne les véhicules automobiles.

Sont exemptés de la réquisition en cas de mobilisation et de la présentation devant les commissions de classement en temps de paix, mais sont soumises à la déclaration et au recensement :

1° Les véhicules appartenant au chef de l'Etat;

2° Les véhicules appartenant à l'administration centrale de tous les ministères;

3° Les véhicules appartenant aux fonctionnaires, établissements ou administrations dépendant des différents ministères qui, aux termes de l'instruction du 10 juin 1908, ont droit à l'exemption de la réquisition d'un certain nombre de chevaux et voitures;

4° Les véhicules appartenant au service des ponts et chaussées et des mines, ainsi que les véhicules appartenant aux fonctionnaires de ces services qui seront autorisés par les instructions du Ministre des travaux publics à utiliser ces véhicules pour leurs tournées;

5° Les véhicules de la Banque de France;

6° Les véhicules de l'Administration des postes ou ceux qu'elle entretient pour son service par des contrats particuliers dont il sera justifié;

7° Les véhicules des Compagnies de chemins de fer;

8° Les véhicules appartenant aux docteurs en médecine et aux vétérinaires, à raison d'une voiture par médecin ou vétérinaire, à condition qu'ils exercent réellement cette profession;

9° Certains véhicules utilisés par les industries intéressant la défense nationale : mines, métallurgie, etc..., dans la proportion déterminée par le Ministre sur la proposition du général commandant de corps d'armée;

10° Certains véhicules intéressant l'hygiène et la sécurité publique : services d'incendie, de désinfection, de voirie, des pompes funèbres, etc..., après décision du commandant de corps d'armée.

Sont exemptées, en cas de mobilisation, de la réquisition et, en temps de paix, du recensement et de la présentation devant les commissions de classement (décret du 28 juin 1910) :

1° Les voitures appartenant aux agents non Français du service diplomatique accrédités en France ;

2° Les voitures que possèdent, au lieu de leur résidence officielle, les agents du service consulaire étranger, nationaux de pays qui les nomment (1).

Les agents du service consulaire étranger ci-dessus mentionnés restent soumis au droit commun pour les véhicules affectés soit à l'exploitation des biens qu'ils détiennent à titre de propriétaire, d'usufruitier ou de locataire, soit à l'exercice d'une profession commerciale ou industrielle.

---

(1) Le paragraphe 7° de l'article 1ᵉʳ du décret du 28 juin 1910, exempte de la réquisition les agents consulaires de pays étrangers, à condition que ces pays usent de réciprocité envers la France. Il sera fait abstraction, pour le moment, de toute condition de réciprocité; les véhicules des agents consulaires seront, en conséquence, exemptés de la réquisition jusqu'à ce que des instructions spéciales aient été données à ce sujet.

ANNEXE N° 2.

Des rapprochements à effectuer entre les registres de déclaration des communes et les registres (dits « portatifs ») des contributions indirectes.

Pour permettre de découvrir, dans la mesure du possible, les véhicules non déclarés au recensement, il a été décidé par M. le Ministre des finances que les registres (dits « portatifs »), sur lesquels les employés des contributions indirectes tiennent les comptes des possesseurs d'automobiles, pourraient être consultés, à titre de contrôle, par les membres des commissions de classement.

Cette décision sera appliquée de la manière suivante :

Au moment où il l'estimera le plus convenable, le président de la commission pourra, s'il le juge utile, effectuer ou faire effectuer par un des membres de la commission les rapprochements entre les registres de déclaration de ladite commune et les registres (dits « portatifs ») du receveur des contributions indirectes.

Deux cas peuvent se présenter pour les rapprochements de ces documents :

1° Le receveur des contributions indirectes siège dans la commune où vient d'opérer la commission de classement. — Dans ce cas, aucune difficulté. Le président de la commission de classement ou un des membres de cette commission se transportera, s'il le juge utile, avec les registres de déclaration, au bureau du receveur des contributions indirectes et effectuera sur place les rapprochements nécessaires.

2° Le receveur des contributions indirectes ne siège pas dans la commune où vient d'opérer la commission de classement. — Dans ce cas, le président de la commission de classement conservera par devers lui, s'il le juge utile, les registres de déclaration de la commune où il vient d'opérer et, suivant l'itinéraire de la commission de classement, effectuera ou fera effectuer sur place les rapprochements nécessaires le jour où il passera au siège du receveur des contributions indirectes.

Le président de la commission pourra grouper, suivant les nécessités, plusieurs registres de déclaration de différentes communes visitées et effectuer, en une seule fois, au siège du receveur des contributions indirectes, les rapprochements nécessaires.

Les registres de déclaration seront ensuite renvoyés, dans le plus bref délai, soit par la voie postale, soit par tout autre moyen, aux maires des communes intéressées.

Les présidents des commissions de classement devront, avant de commencer leurs opérations de classement, s'informer auprès des directeurs des contributions indirectes du département, des lieux où sont stationnés les receveurs des contributions indirectes dans la région où ils doivent opérer.

ᵉ CORPS D'ARMÉE

SUBDIVISION d

DÉPARTEMENT d

ARRONDISSEMENT d

CANTON d

COMMUNE d

RÉPUBLIQUE FRANÇAISE.

MODÈLE C 1.

Loi du 22 juillet 1909.

Instruction ministérielle du 26 décembre 1921 sur le classement des véhicules automobiles

FORMAT :
Hauteur........... 0.39
Largeur............ 0,25

TABLEAU MODÈLE C 1.

CLASSEMENT EN 192

ET

RÉQUISITION DES VÉHICULES AUTOMOBILES

DE 1ʳᵉ CATÉGORIE (POIDS LOURDS).

TABLEAU DE CLASSEMENT EN 19

*des véhicules automobiles de poids lourd, susceptibles d'être réquisitionnés
pour le service de l'armée en cas de mobilisation.*

COMMISSION n°   composée de :

Officier président......................	M (1)	, (2)	, (3)
Membre civil........................	M (1)	, (2)	, (3)
Représentant du service des mines.....	M (1)	, (2)	, (3)
Secrétaires.........................	(1)	, (2)	, (3)
	(1)	, (2)	, (3)

Explications pour l'établissement du tableau de classement.

Réserver une ligne spéciale pour chaque véhicule. Inscrire les véhicules au fur et à mesure qu'ils sont présentés à la commission. Les noms des propriétaires doivent être classés par ordre alphabétique.

Les colonnes 1 à 11, 17 à 19, 23 à 27, sont obligatoirement remplies par les commissions de classement.

Les autres colonnes ne sont pas remplies pour les véhicules figurant dans les catalogues spéciaux : elles sont remplies pour les véhicules non portés sur les catalogues, lorsque la commission estime que le véhicule examiné peut être intéressant pour l'armée.

Colonne 4. — Sont considérés comme véhicules de transport de personnel, ceux qui sont susceptibles de transporter 8 personnes au moins, non compris le conducteur et un aide-conducteur ; ceux qui ne sont susceptibles de transporter que moins de 8 personnes, non compris le conducteur et un aide-conducteur, sont inscrits comme voitures de tourisme (Tableau modèle, C 2). Il en est de même des véhicules aménagés spécialement en vue du service d'ambulance quel que soit le nombre de personnes qu'ils sont susceptibles de transporter.

Colonne 5. — Sont considérés comme véhicules de transport de matériel les camions, fourgons et camionnettes.

Colonne 6. - Sont inscrits dans cette colonne les tracteurs à roues et les tracteurs ou engins à chenilles (mentionner comme tel, tout véhicule automobile doté organiquement de chenilles et les utilisant d'une façon permanente ou non). Pour les tracteurs de navigation indiquer le nombre et la force de traction.

Colonne 7. — Inscrire dans cette colonne toutes les remorques, qu'elles soient utilisées avec tracteurs, camions ou camionnettes en spécifiant si elles sont à 2 roues ou à 4 roues.

Colonne 8 — Mentionner comme train automobile tout ensemble d'un locomoteur et te remorques susceptibles de marcher en arrière comme en avant et de manœuvrer sans avoir besoin d'en séparer les éléments (Réserver une ligne par voiture automotrice et par remorque spéciale).

Colonne 12. — Dans le cas de moteur à vapeur, inscrire le mot « vapeur » sous le chiffre indiquant le nombre de chevaux.

Colonne 14. — Indiquer comme suit un alésage de 100 et une course de 140 : 100 $\times$ 140.

Colonne 17. — Pour les transports de personnel, nombre de places disponibles, non compris le conducteur et l'aide-conducteur. Pour les remorques indiquer le poids transportable.

Colonne 18. — Indiquer dans cette colonne la nature de la carrosserie, plateau, plateau à ridelles, tombereau, carrosserie bâchée, benne basculante, dièdre, etc.

Colonne 19 — Indiquer la largeur intérieure, la longueur intérieure : Ex. : 1^m.70 $\times$ 3^m,50,

Colonnes 21 et 22 — Pour la surface portante des engins à chenille, indiquer la longueur de la chenille en contact avec le sol et la largeur de la chenille ($\times$).

Colonne 23. — Indiquer dans cette colonne si le véhicule est muni d'un crochet de remorque, s'il possède l'éclairage ou le démarrage électrique, ainsi que tous autres renseignements utiles.

Colonnes 25 et 26. — Indiquer le classement à l'aide des lettres ci-dessous :

B. : bon. A. B : assez bon, P. : passable (véhicule non susceptible d'être utilisé dans l'état où il se trouve mais pouvant être facilement remis en bon état) M. : médiocre (véhicule très usagé, de fonctionnement général défectueux): Aj : ajourné pour cause de réparation certifiée par le propriétaire N. P. : non présenté ; N. E. : non examiné comme non convoqué.

Les notes B. A B, P et M s'appliquent spécialement au fonctionnement mécanique du véhicule.

Colonne 27. — La commission indiquera, si possible les raisons qui ont motivé le classement P. ou M. ou l'indication Aj. En outre, elle mentionnera son appréciation au sujet des qualités du véhicule au point de vue de son utilisation pour les services militaires, au moyen de notes : B : bon ; A.B. : assez bon ; M. : médiocre. Enfin, elle portera dans la même colonne la mention - Primé - et si possible le numéro de la prime pour tous les véhicules primés par le ministère de la guerre (4)

Colonne 28. — Cette colonne est remplie par l'inspecteur du matériel automobile.

Colonnes 33, 34 et 35 — Sont remplies par l'inspecteur du matériel automobile.

Chaque tableau est établi en une seule expédition qui est adressée directement au général commandant le corps d'armée. Le classement de chaque véhicule est inscrit, par les soins du maire, sur le registre de déclaration modèle A 1.

---

(1) Nom et prénoms. — (2) Grade ou qualité. — (3) Régiment ou domicile. — (4) Pour les véhicules primés qui pourraient être dispensés de la présentation au classement, le tableau sera rempli, dans la mesure du possible, par les soins de l'état-major du corps d'armée. On mentionnera en tout cas le nom du constructeur, le type du véhicule, le numéro du châssis et le numéro de la prime d'achat.

TABLEAU DE LA RÉQUISITION

*à la mobilisation des véhicules automobiles de poids lourd aptes
au service de l'armée.*

COMMISSION de réquisition n°   , siégeant à   , composée de :
Officier président.......................... M (1)   , (2)   , (2)
Membre civil............................ M (1)   , (2)   , (3)

Explications pour l'établissement du tableau de réquisition.

VÉHICULE RÉQUISITIONNÉ :

1° Remplir les colonnes 30, 31, relatives à la réquisition; porter la mention R dans la colonne 29 ;

2° *a*) Si le véhicule a déjà été classé, modifier, s'il y a lieu, les indications de la commission de classement au moyen de rectifications légères.

b) Si le véhicule n'a pas encore été classé, porter, à la suite des véhicules déjà classés, les indications relatives à son classement par la commission de réquisition.

3° Remplir la colonne 32 par l'inscription des numéros matricules affectés aux véhicules automobiles requis, ces numéros étant extraits d'une liste générale adressée par le Ministre aux corps d'armée, par l'intermédiaire des inspecteurs du matériel automobile.

VÉHICULE NON RÉQUISITIONNÉ :

1° Tirer un trait sur les colonnes 30 et 31, relatives à la réquisition ;

2° *a*) Si le véhicule a déjà été classé, inscrire dans la colonne 29 la décision de la commission ou le renseignement recueilli sous la forme suivante :

I. — Impropre au service.   E. — Exempté.   Aj. — Ajourné,   D. — Disparu.

NP. — Non présenté (seulement pour ceux dont les propriétaires se sont mis dans le cas d'être poursuivis);

b) Si le véhicule n'a pas encore été classé, il n'est l'objet d'aucune inscription sur le présent tableau.

Après avoir été signé par les membres de la commission de réquisition, le présent tableau est transmis, à la fin des opérations de la commission, au commandant du bureau de recrutement.

L'an mil neuf cent   , le   du mois d   , nous, président de la commission de réquisition siégeant à   , en vertu des ordres de l'autorité militaire, avons ouvert le présent procès-verbal pour constater la réquisition des véhicules réquisitionnés dans les conditions déterminées par les lois du 3 juillet 1877 et du 22 juillet 1909.

(1) Noms et prénoms.
(2) Grade ou qualité.
(3) Régiment ou domicile.

AUTOMOBILES DE POIDS LOURD.

DÉSIGNATION DES PROPRIÉTAIRES.			SOUS-CATÉGORIE DU VÉHICULE.				
NON et prénoms	Profession.	Domicile.	Transport de personnel.	Transport de matériel.	Tracteurs à roues, tracteurs ou engins à chenilles.	Remorques.	Trains automobiles.
1	2	3	4	5	6	7	8
30	20	35	5	5	5	5	5

DÉSIGNATION DU VÉHICULE.											GARNITURES DES ROUES.		
Marque de fabrique. Lettres et numéros caractérisant le type du châssis.	Année de fabrication du châssis.	Nos et lettres d'inscription du véhicule donnés par le service des mines.	Puissance en HP.	Nombre de cylindres.	Alésage et course.	Combustible employé.	Poids à vide.	Poids utile ou nombre de places disponibles.	Nature de la carrosserie.	Dimensions du plancher.	En fer : F. — En caoutchouc plein : C. P. — Pneus : Pn.	AV (Dimensions commerciales pour les bandages en caoutchouc : simples, S ; jumelés, J ; Surface portante pour les engins à chenilles.)	AR
9	10	11	12	13	14	15	16	17	18	19	20	21	22
20	10	10	10	5	13	10	10	10	15	15	5	10	15

			CLASSEMENT.			RÉQUISITION						MODE de transport.
Observations.	Nom et prénoms du conducteur habituel. Recrutement, classe.	Classement obtenu l'année précédente.	Classement donné par la commission.	Observations de la commission.	Décision du chef de circonscription.	Décision de la commission de réquisition.	Prix d'achat.	Conducteurs affectés au véhicule.	Numéros des véhicules.	AFFECTATION.	DESTINATION.	
23	24	25	26	27	28	29	30	31	32	33	34	35
35	25	5	3	30	3	5	10	25	10	15	15	10

(La largeur des colonnes est indiquée approximativement en millimètres au bas du présent modèle ; ces indications ne sont pas à reproduire sur les registres.)

RÉCAPITULATION
DES OPÉRATIONS DE LA COMMISSION DE CLASSEMENT

Véhicules...
- susceptibles d'être réquisitionnés.
  - Bons ....
  - Asssez bons..
  - Passables ....
- ajournés..
- impropres au service (médiocres)................
- non présentés (classés d'office)...................
- non examinés comme non convoqués............

TOTAL des existants figurant sur le présent tableau.....

PROCÈS-VERBAL
DE LA COMMISSION DE CLASSEMENT

CERTIFIÉ les inscriptions du présent tableau qui contient   intercalaires   (feuilles doubles) et qui a été fait à
le   19   .

Ont signé :

Le Membre civil,   *Le Représentant du Service
des Mines,*

Le Président de la Commission,

VU : *Le Maire,*

PROCÈS-VERBAL
DE LA COMMISSION DE RÉQUISITION

CERTIFIÉ et ARRÊTÉ, les inscriptions du présent tableau d'après lesquelles :
1° Le nombre de véhicules automobiles de 1re catégorie réquisitionnés dans la
commune de   , le (1)   , par la commission
de réquisition n°   s'est élevé à (1)
2° Le prix total s'est élevé à la somme de (1)

Fait à   , le   19   .

Le Membre civil,   *Le Président
de la Commission,*

Le Sous-Intendant militaire,

(1) En toutes lettres.

Modèle C 2.

• CORPS D'ARMÉE

SUBDIVISION d

DÉPARTEMENT d

ARRONDISSEMENT d

CANTON d

COMMUNE d

RÉPUBLIQUE FRANÇAISE.

Modèle C 2.

Loi du 22 juillet 1909.

Instruction ministérielle du 26 décembre 1921 sur le classement des véhicules automobiles.

FORMAT :
Hauteur............ 0m.39
Largeur............ 0m.35

TABLEAU MODÈLE C 2.

CLASSEMENT EN 192   ET RÉQUISITION

DES

VÉHICULES AUTOMOBILES DE 2e CATÉGORIE

(VOITURES DE TOURISME, AMBULANCES ET MOTOCYCLETTES)

TABLEAU DE CLASSEMENT EN 192

DES

VOITURES DE TOURISME, AMBULANCES ET MOTOCYCLETTES
SUSCEPTIBLES D'ÊTRE RÉQUISITIONNÉES
POUR LE SERVICE DE L'ARMÉE EN CAS DE MOBILISATION.

COMMISSION n°   composée de :

Officier, président.................. M.(1)   , (2)   , (3)
Membre civil..................... M.(1)   , (2)   , (3)
Représentant du service des mines. M.(1)   , (2)   , (3)
Secrétaires...................... (1)   , (2)   , (3)
(1)   , (2)   , (3)

Explications pour l'établissement du tableau de classement.

Réserver une ligne spéciale pour chaque véhicule. Inscrire les véhicules au fur et à mesure qu'ils sont présentés à la commission. Les noms des propriétaires doivent être classés par ordre alphabétique.

Les colonnes 1 à 9, 13 et 14, 17 à 21 sont obligatoirement remplies par les Commissions de classement. Les autres colonnes ne sont pas remplies pour les véhicules figurant dans les catalogues spéciaux; elles sont remplies pour les véhicules non portés sur les catalogues, lorsque la Commission estime que le véhicule examiné peut être intéressant pour l'armée.

Colonne 4. — Sont considérées comme voitures de tourisme celles qui ne sont susceptibles de transporter que moins de 8 personnes non compris le conducteur et un aide conducteur.

Colonne 5. — Indiquer dans cette colonne les véhicules aménagés spécialement en vue du service d'ambulance, quel que soit le nombre de personnes qu'ils sont susceptibles de transporter. Indiquer également le nombre de blessés *couchés* que ces ambulances sont susceptibles de transporter.

Colonne 12. — Indiquer un alésage de 100 et une course de 140 de la façon suivante : 100 × 140.

Colonne 13. — Indiquer le nombre total de personnes transportables, y compris le conducteur. — Pour les motos. mentionner le side-car.

Colonne 14. — Indiquer la nature de la carrosserie : torpédo, limousine, etc...

Colonne 15. — Bandages pleins ou pneumatiques.

Colonne 17. — Mentionner dans cette colonne l'éclairage électrique. le démarrage électrique, le changement de vitesse pour les motos ainsi que toutes observations utiles.

Colonnes 19 et 20. — Indiquer le classement de la façon suivante :

B........... Bon ;
A B....... Assez bon ;
Aj......... Ajourné ;
I.......... Impropre au service ;
N P ...... Non présenté ;
N.E....... Non examiné comme non convoqué.

Colonnes 26, 27 et 28. — Sont remplies par l'inspecteur du matériel automobile.

Chaque tableau est établi en une seule expédition qui est adressée directement au général commandant le corps d'armée. Le classement de chaque véhicule est inscrit par les soins du maire sur le registre de déclaration modèle A 2.

---

(1) Nom et prénoms.
(2) Grade ou qualité.
(3) Régiment ou domicile.

TABLEAU DE LA RÉQUISITION

A LA MOBILISATION

DES VOITURES DE TOURISME, AMBULANCES ET MOTOCYCLETTES
APTES AU SERVICE DE L'ARMÉE.

COMMISSION de réquisition n°   , siégeant à   , composée de :

Officier, président.................. M.(1)   , (2)   , (3)
Membre civil...................... M.(I)   , (2)   , (3)

Explications pour l'établissement du tableau de réquisition.

VÉHICULE RÉQUISITIONNÉ :

1° Remplir les colonnes 23 et 24 relatives à la réquisition, porter la mention R dans la colonne 22:

2° *a)* Si le véhicule a déjà été classé, modifier, s'il y a lieu, les indications de la commission de classement au moyen de rectifications légères;

b) Si le véhicule n'a pas encore été classé, porter sur la 1ʳᵉ ligne, à la suite des véhicules déjà classés, les indications relatives à son classement par la commission de réquisition.

3° Remplir la colonne 25 par l'inscription des numéros matricules affectés aux véhicules automobiles requis, ces numéros étant extraits d'une liste générale adressée par le Ministre aux corps d'armée, par l'intermédiaire des inspecteurs du matériel automobile.

VÉHICULE NON RÉQUISITIONNÉ :

1° Tirer un trait sur les colonnes 23 et 24 relatives à la réquisition;

2° *a)* Si le véhicule a déjà été classé, inscrire dans la colonne 22 la décision de la commission ou le renseignement recueilli sous la forme suivante :

I........ Impropre au service militaire.
Aj. ..... Ajourné ;
E....... Exempté;
D....... Disparu ;
N P..... Non présenté (seulement pour ceux dont les propriétaires se sont mis dans le cas d'être poursuivis).

b) Si le véhicule n'a pas été classé, il n'est l'objet d'aucune inscription sur le présent tableau.

Après avoir été signé par les membres de la commission de réquisition, le présent tableau est transmis à la fin des opérations de la commission, au commandant du bureau de recrutement.

L'an mil neuf cent   , le   du mois d   , nous, président de la commission de réquisition siégeant à   , en vertu des ordres de l'autorité militaire, avons ouvert le présent procès-verbal pour constater la réquisition des véhicules automobiles réquisitionnés dans les conditions déterminées par les lois du 3 juillet 1877 et du 22 juillet 1909.

---

(1) Noms et prénoms.
(2) Grade ou qualité.
(3) Régiment ou domicile.

VOITURES DE TOURISME,

DÉSIGNATION des propriétaires.			SOUS-CATÉGORIE du véhicule.			DÉSIGNATION						
Noms et prénoms.	Profession.	Domicile.	Voitures de tourisme.	Voitures d'ambulance.	Motocyclettes.	Marque de fabrique, lettres et numéro caractérisant le type du châssis.	Année de fabrication du châssis.	Numéro et lettres d'inscription du véhicule donnés par le service des Mines.	Puissance en HP.	Nombre de cylindres.	Alésage et course.	Nombre de personnes transportables.
1	2	3	4	5	6	7	8	9	10	11	12	13
30	20	40	10	10	10	25	15	20	15	10	20	10

(La largeur des colonnes est indiquée approximativement en millimètres au bas du présent modèle ;

AMBULANCES ET MOTOCYCLETTES.

DU VÉHICULE.	GARNITURES des roues.			OBSERVATIONS.	NOM ET PRÉNOMS du conducteur habituel. Recrutement, classe.	CLASSEMENT obtenu l'année précédente.	CLASSEMENT.		RÉQUISITION.			NUMÉROS DES VÉHICULES.	AFFECTATION.	DESTINATION.	MODE DE TRANSPORT.
NATURE de la carrosserie.	En caoutchouc plein : C P. Pneus : Pn.	Dimensions commerciales : Simples : S. Jumelées : J. AV	AR				DÉCISION de la commission de classement.	OBSERVATIONS de la commission.	DÉCISION de la commission de réquisition.	PRIX D'ACHAT.	CONDUCTEURS affectés au véhicule.				
14	15	AV	AR	17	18	19	20	21	22	23	24	25	26	27	28
15	5	8	8	40	24	5	5	30	5	15	25	10	15	15	10

ces indications ne sont pas à reproduire sur les registres.)

RÉCAPITULATION

DES OPÉRATIONS DE LA COMMISSION DE CLASSEMENT

Véhicules... { susceptibles d'être réquisitionnés.. { Bons........... / Assez bons... }
ajournés..................................
impropres au service...................
non présentés (classés d'office)..........
non examinés comme non convoqués...........

TOTAL des existants figurant sur le présent tableau......

PROCÈS-VERBAL

DE LA COMMISSION DE CLASSEMENT

CERTIFIÉ les inscriptions du présent tableau qui contient   intercalaires   (feuilles doubles) et qui a été fait à
le   192   .

Ont signé :

Le Membre civil,   Le Représentant du Service
des Mines,

Le Président de la Commission,

Vu : Le Maire,

PROCÈS-VERBAL

DE LA COMMISSION DE RÉQUISITION

CERTIFIÉ et ARRÊTÉ les inscriptions du présent tableau d'après lesquelles :
1° Le nombre de véhicules automobiles de 2° catégorie réquisitionnés
dans la commune d   , le (1)   , par la commission
de réquisition n°   s'est élevé à (1)
2° Le prix total s'est élevé à la somme de : (1)

Fait à   , le   192   .

Le Membre civil,   Le Président
de la Commission,

Le Sous-Intendant militaire,

(1) En toutes lettres.

MINISTÈRE
DE LA GUERRE.

⸻⸻

• CORPS D'ARMÉE.

RÉPUBLIQUE FRANÇAISE.

MODÈLE N° 3.

Loi du 22 juillet 1909.

Instruction du 26 décembre 1921 sur le classement des véhicules automobiles.

FORMAT :
Hauteur 0ᵐ32
Largeur 0ᵐ21
(Feuille double recto et verso, l'attache étant reportée à la dernière page.)

ÉTAT DE RÉPARTITION MODÈLE 3

des communes où aura lieu le classement, en 192 , entre les commissions mixtes chargées du classement des véhicules automobiles.

COMMISSIONS (1).	NOMS des COMMUNES.	NOMBRE APPROXIMATIF de véhicules automobiles d'après le dernier recensement.		NOMBRE de JOURNÉES de route de la commission.	OBSERVATIONS (2).
		1ʳᵉ catégorie.	2ᵉ catégorie.		

(1) Indiquer le n° et la composition des Commissions. (Noms et grades.)

(2) Indiquer la date du commencement et de la fin des opérations.

A , le 192 .

Le Général commandant le • corps d'armée,

<table>
<tr><td>

MINISTÈRE
DE LA GUERRE.

—————

* CORPS D'ARMÉE.

(1) Nom et prénoms.
(2) Grade ou qualité.
(3) Corps et lieu de garnison ou domicile.
(4) Sous-officier, brigadier, caporal ou secrétaire.

</td><td>

RÉPUBLIQUE FRANÇAISE.

—————

COMMISSION N°

—————

</td><td>

MODÈLE N° 4.

—

Loi du 22 juillet 1909.

Instruction du 26 décembre 1921 sur le classement des véhicules automobiles.

FORMAT :

Hauteur.......... 0ᵐ32
Largeur.......... 0ᵐ21

(Feuille double recto et verso, l'attache étant reportée à la dernière page.)

</td></tr>
</table>

FEUILLE D'ITINÉRAIRE MODÈLE 4

de la commission de classement, composée de :

Président...............	M. (1)	(2)	à (3)
Représentant du service des mines............	M. (1)	(2)	à (3)
Secrétaires (4)..........	(1)	(2)	à (3)
	(1)	(2)	à (3)

COMMUNES.	LIEU DE RÉUNION dans la commune.	DATES.	HEURES.	ÉMARGEMENT DES MEMBRES DE LA COMMISSION.		
				L'officier président.	Le représentant du service des mines.	Les secrétaires.

NOTA. — Un exemplaire de la feuille d'itinéraire est remis, avant le départ, au président de la commission, puis renvoyé par lui au sous-intendant du ressort, une fois les opérations terminées, après avoir été émargé *chaque jour* par les membres de cette commission.

Un relevé nominatif des droits constatés et des payements faits est inscrit par les soins de l'intendance sur la feuille d'itinéraire jointe à la liquidation des dépenses.

A , le 19 .

*Le Général commandant le * corps d'armée,*

MINISTÈRE
DE LA GUERRE.

d **DÉPARTEMENT**

d **ARRONDISSEMENT**

d **CANTON**

d **COMMUNE**

RÉPUBLIQUE FRANÇAISE.

ᵉCORPS D'ARMÉE

COMMISSION N°

MODÈLE N° 6.

Loi du 22 juillet 1909.

Instruction du 26 décembre 1921 sur le classemen' des véhicules automobiles.

Format :
Hauteur 0ᵐ32
Largeur 0ᵐ21

Chaque certificat ne concerne qu'un seul véhicule.

CERTIFICAT D'IMPROPRIÉTÉ MODÈLE 6

d'un véhicule automobile de   ᵉ catégorie déclaré impropre
au service de l'armée.

NOM ET PRÉNOMS du propriétaire.	PROFESSION ou QUALITÉ.	DOMICILE.	DÉSIGNATION du VÉHICULE (1).

(1) Donner la désignation du véhicule telle qu'elle figure sur le registre de déclaration.
(2) En toutes lettres.

Nota. — Ce véhicule ne devra pas être représenté au classement suivant. Le présent certificat doit être présenté chaque année, du 1ᵉʳ au 16 janvier, à la mairie du lieu où se trouve le véhicule, avec la carte grise de celui-ci et une déclaration signée du propriétaire affirmant que le véhicule n'a fait l'objet depuis l'établissement de ce certificat d'impropriété, d'aucune grosse réparation de nature à faire disparaître l'impropriété précédemment reconnue.

A   , le (2)

Le Général commandant le ᵉ corps d'armée,

MINISTÈRE
DE LA GUERRE.

° INSPECTION AUTOMOBILE.

e CORPS D'ARMÉE.

RÉPUBLIQUE FRANÇAISE.

SECRET.

MODÈLE N° 7.

Loi du 22 juillet 1909.

Instruction du 26 décembre 1921 sur le classement des véhicules automobiles.

FORMAT :

Hauteur........... 0ᵐ 32
Largeur 0ᵐ 42

ÉTAT RÉCAPITULATIF MODÈLE 7

des véhicules automobiles soumis au classement.

DÉSIGNATION DES CATÉGORIES DE VÉHICULES.	NOMBRE TOTAL DES VÉHICULES		OBSERVATIONS. (A)
	figurant sur les tableaux de classement.	susceptibles d'être réquisitionnés.	
1ʳᵉ Catégorie. (POIDS LOURDS).			
Transport de personnel. { Breaks, omnibus, cars, etc.......			
Transport de matériel. — Camionnettes de charge utile { au-dessous de 1.200 kilos....			
de 1.200 kilos à 2 tonnes exclus.			
Camions de charge utile { de 2 tonnes à 5 tonnes exclus (1)			
de 5 tonnes à 7 tonnes exclus (1)			
de 7 tonnes et au-dessus (1)			
Tracteurs ordinaires à roues. { au-dessous de 10 tonnes.......			
de 10 tonnes à 15 tonnes exclus.			
de 15 tonnes et au-dessus......			
Tracteurs agricoles. — à roues { légers.........			
lourds (2).......			
à chenilles { légers (3).......			
lourds (4).......			
Tracteurs de navigation (5).............			
Remorques. — à 2 roues de charge utile { au-dessous de 2 tonnes 5......			
de 2 tonnes 5 à 5 tonnes exclus..			
de 5 tonnes et au-dessus.....			
à 4 roues de charge utile { au-dessous de 5 tonnes........			
de 5 tonnes à 7 tonnes exclus..			
de 7 tonnes et au-dessus........			
Trains automobiles			

(A) Réserver à cette colonne sur les imprimés une largeur minimum de 80 millimètres. La présente indication ne sera pas à reproduire sur lesdits imprimés.

(1) Indiquer dans la colonne « Observations » les camions à vapeur et les camions susceptibles de transporter des matér aux routiers (à benne, à dièdre, etc.). Indiquer également en ce qui concerne les camions « Pierce Arrow » 5 tonnes, ceux susceptibles d'être utilisés pour le transport des chars de combat. (Voir D. M. secrète n° 86689 M 11 2/3 du 24 octobre 1921.)

(2) Pavesi — Renault type II O.

(3) Clétrac.

(4) Holt — Renault type II I.

(5) Indiquer dans la colonne « Observations » si ces tracteurs sont à roues ou à chenilles ainsi que leur force de traction.

DÉSIGNATION DES CATÉGORIES DE VÉHICULES.	NOMBRE TOTAL DES VÉHICULES		OBSERVA- TIONS. (A)
	figurant sur les tableaux de classement.	suscepti-bles d'être réquisi-tionnés.	
2ᵉ Catégorie. (VOITURES DE TOURISME, AMBULANCES ET MOTOCYCLETTES.)			
Voitures de tourisme....................			
Ambulances susceptibles de transporter { moins de 3 blessés couchés....			
3 blessés couchés et au-dessus.			
Motocyclettes.................			

	QUANTITÉS.	
	1ʳᵉ Catégo-rie.	2ᵉ Catégo-rie.
Véhicules { ajournés............		
impropres au service..........		
non présentés (classés d'office).		
non examinés comme non con-voqués....................		
TOTAL (6)........		
recensés, mais dont l'examen n'a pas été jugé nécessaire par le général commandant le corps d'armée (7)...........		

(6 Ce total, ajouté à celui des véhicules susceptibles d'être réquisitionnés, doit être égal à celui des véhicules figurant sur les tableaux de classement.

(7) D'après les états modèle B des communes non visitées ou visitées pour une seule catégorie de véhicules.

A . le 192 .

L'Inspecteur du matériel automobile de la ᵉ Inspection,

<table>
<tr><td>

MINISTÈRE
DE LA GUERRE.

· CORPS D'ARMÉE.
—

DÉPARTEMENT d
ARRONDISSEMENT d
CANTON d
COMMUNE d

</td><td>

RÉPUBLIQUE FRANÇAISE

COMMISSION N°

</td><td>

MODÈLE N° 8.
—

Loi du 22 juillet 1909.

Instruction du 26 décembre 1921. sur le classement des véhicules automobiles.

FORMAT :
Hauteur........ 0,32
Largeur........ 0,21

</td></tr>
</table>

PROCÈS-VERBAL MODÈLE N° 8

constatant l'examen et la visite de véhicules automobiles appartenant à des propriétaires de la commune d   , canton d   , arrondissement d   , département d   .

L'an mil neuf cent   , le   du mois d   . nous soussignés, membres de la commission n°   , déléguée, en vertu des ordres de M. le Ministre de la guerre, pour procéder à l'examen et au classement des véhicules automobiles, certifions que les véhicules ci-après désignés ont été vus par nous à   et classés comme il suit, savoir :

Nota. — Le présent procès-verbal doit être adressé le jour même au commandant de corps d'armée duquel ressortit la commune où le véhicule est inscrit.

A la fin du classement et après avoir porté sur les tableaux modèles C1 et C 2, les renseignements contenus sur les procès-verbaux modèle 8, le général commandant le corps d'armée adresse ceux-ci directement aux maires des communes intéressées. Les maires inscrivent les décisions des commissions sur les registres de déclaration de l'année correspondante.

NOM ET PRÉNOMS des PROPRIÉTAIRES.	PRO-FESSIONS	CATÉ-GORIE (1).	DÉSIGNATION du VÉHICULE (2)	CLAS-SEMENT.	OBSER-VATIONS.

(1) Indiquer les catégories et sous-catégories.
(2) Reproduire les renseignements contenus dans le tableau de classement.

Le présent procès-verbal a été dressé à

Le   192   .

Le Membre civil,   Le Représentant du service des mines,

L'Officier président (1),

(1) Nom, grade et régiment.

MINISTÈRE
DE LA GUERRE.

· CORPS D'ARMÉE.
—

DÉPARTEMENT d
ARRONDISSEMENT d
CANTON d
COMMUNE d

RÉPUBLIQUE FRANÇAISE

COMMISSION N°

MODÈLE N° 9.
—

Loi du 22 juillet 1909.
—

Instruction du 26 décembre 1921, sur le classement des véhicules automobiles.

FORMAT :
Hauteur........ 0,32
Largeur........ 0,21

CERTIFICAT D'EXAMEN MODÈLE N° 9

*de véhicules présentés à la commission de classement
hors de la commune à laquelle ils appartiennent.*

L'an mil neuf cent   , le   du mois d   ,
je soussigné, président de la commission n°   , déléguée,
en vertu des ordres de M. le Ministre de la guerre, pour procéder à l'examen et au classement des véhicules automobiles,
certifie que (1)   véhicules, dont (1)   de 1re catégorie et (1)
        de 2e catégorie, appartenant à M (2)   ,
domicilié à   , canton d   , arrondissement d   , département d   ,   été
vus par la commission à   , suivant procès-verbal
dressé le même jour et transmis à qui de droit.

Le Président de la commission,

(3)

---

(1) Indiquer le nombre.
(2) Nom, prénoms et profession.
(3) Nom, grade et régiment.

<table>
<tr><td>

MINISTÈRE
DE LA GUERRE.
═══════════
• CORPS D'ARMÉE.
—
DÉPARTEMENT d
ARRONDISSEMENT d
CANTON d
COMMUNE d

</td><td>

RÉPUBLIQUE FRANÇAISE.

———

COMMISSION N°

———

</td><td>

MODÈLE N° 11.
—
Loi du 22 juillet 1909.
—
Instruction du 26 décembre 1921 sur le classement des véhicules automobiles.

FORMAT :
Hauteur......... 0,32
Largeur........ 0,21

</td></tr>
</table>

ÉTAT MODÈLE N° 11
DES VÉHICULES AUTOMOBILES NON DÉCLARÉS
PAR LES PROPRIÉTAIRES.

———

Je soussigné (1)

Président de la commission de classement en 19
des véhicules automobiles, instituée en exécution de l'article 3
de la loi du 22 juillet 1909, certifie que les propriétaires de
la commune de   , dont les noms suivent, n'ont pas fait la
déclaration obligatoire (art. 2 de ladite loi) des véhicules automobiles susceptibles d'être requisitionnés.

Les noms de ces propriétaires ne figurent pas sur le registre
de déclaration de la commune.

Ce sont, savoir :

MM.

Le présent état est adressé au général commandant le corps
d'armée en vue d'être transmis, s'il y a lieu, à la fin du classement,
à M. le Procureur de la République pour servir à ce que de
droit.

En foi de quoi nous avons signé.

A   , le   19   .

Le Président de la commission,

———

(1) Nom et prénoms, grade et régiment.

<table>
<tr>
<td>

MINISTÈRE
DE LA GUERRE.

· CORPS D'ARMÉE.

DÉPARTEMENT d
ARRONDISSEMENT d
CANTON d
COMMUNE d

</td>
<td>

RÉPUBLIQUE FRANÇAISE.

COMMISSION N°

</td>
<td>

MODÈLE N° 12.

Loi du 22 juillet 1909.

Instruction du 26 décembre 1921 sur le classement des véhicules automobiles.

FORMAT :

Hauteur........ 0,32
Largeur........ 0.24

</td>
</tr>
</table>

DÉCLARATION MODÈLE N° 12

DES VÉHICULES AUTOMOBILES NON PRÉSENTÉS PAR LES PROPRIETAIRES A LA COMMISSION DE CLASSEMENT.

Je soussigné (1)
Président de la commission de classement en 19   des véhicules automobiles. instituée en exécution de l'article 3 de la loi du 22 juillet 1909, déclare que les propriétaires de la commune dont les noms suivent, bien que dûment convoqués, ne se sont pas présentés devant nous aux jour, heure et endroit fixés pour la réunion de la commission (   ). Et qu'à un appel de leurs noms fait en fin de séance, ils n'ont ni répondu ni présenté leurs véhicules.

Savoir :

MM.

La présente déclaration est adressée au général commandant le corps d'armée en vue d'être transmis, s'il y a lieu à la fin du classement, à M. le Procureur de la République pour servir à ce que de droit.

En foi de quoi nous avons signé.

A   , le   19

Le Président de la commission,

---

(1) Indiquer les nom et prénoms, grade et régiment.

www.ingramcontent.com/pod-product-compliance
Lightning Source LLC
LaVergne TN
LVHW021045050726